청잣빛 꽃 한 송이

청잣빛 꽃 한 송이

제1판 1쇄 발행 2023년 8월 25일

저　　자	이병용
발 행 인	김용성
기획·편집	박찬익
디 자 인	이명애
제　　작	정준용
보　　급	이대성

펴 낸 곳	요단출판사
등　　록	1973. 8. 23. 제13-10호
주　　소	07238 서울특별시 영등포구 국회대로 76길 10
기　　획	(02)2643-9155
구　　입	(02)2643-7290 Fax (02)2643-1877

값 13,000원
ISBN 978-89-350-1979-3 03810
ⓒ 2023. 이병용 all right reserved.

신 저작권법에 의하여 한국 내에서 보호 받는 저작물이므로
무단 전재와 무단 복제를 금합니다.

청잣빛 꽃 한 송이

이병용
시 집

요단
JORDAN PRESS

시인의
머리글

　시인 유우림님이 쉰일곱 시 모음을 읽고 나서, 〈청잣빛 꽃 한 송이〉를 가제로 찍어 놓으셨기에 지은이는 그길로 그대로 시집 제목으로 삼았다. '청잣빛은 신비롭기 이를 데 없지만, 슬픔 머금은 빛깔이구나' 하고 오랫동안 마음속에 간직해 둔 바이니…

　만나본 적이 없는 데에도 발문을 기꺼이 써 주신 유우림 시인님께 고마움을 드린다. 〈청잣빛 꽃 한 송이〉가 하늘 아래 빛을 볼 수 있도록 시작부터 마무리까지 맡아보신(editor par excellence) 송원섭 목사님께 어찌 다 넉넉히 고마움을 드러내야 할지 모르겠다. 출간의 길을 터주신 요단출판사 대표 김용성님께도 고마움을 드리고 싶다.

〈청잣빛 꽃 한 송이〉는 내 삶의 자취가 세월의 검증을 거쳐 달여진 대로 여러 사연을 들려준다. 어쩌다가 드문드문 적어 둔 것들을 두려움이 앞서는 가운데 감히 모아 보았다. 우리 말글의 아름나움에 사로샵혀 토씨 하나까지 마음을 다해 살폈다. 한글 글월로 글을, 더구나 시를, 쓴다는 것 자체가 내게는 더없는 특전임을 이참에 단단히 깨달았다.

                이병용

■ 일러두기

- 시 "망부석"에서 '물길'은 강물로 하여금 온전히 흘러가게 하는 물줄기로서 강물의 빠르기와 굽이침을 맡아본다. 엘리트 물살인 셈이다. 강물이 무턱대고 흘러가는 것이 아니라, 물길이 이끄는 대로 따른다. 울새의 눈물이 그 엘리트 물살, 곧 물길을 댄다는 것이다.

- 시 "메마름"에서 낱말 '이념'이 한차례 쓰였는데, 이 말뜻은 '사람들이 최고의 이상개념이라고 떠받드는 것'이다. 지은이는 이러한 사전적 의미 그 자체대로 초들었다. 그러니 경제나 체제 이념만이 아니라, 교파 교단의 교리까지도 그 안에 담긴다고 해도 문제될 것이 없다고 본다.

- 시 "나라 지킨 병정"은 군대에 들어가는 젊은이들에게 건네줄 수 있었다면 딱 알맞춤했으려니 싶다.

- 시 "월남전 파병 용사"는 지은이가 월남전 파병길에 오를 때 혹시 모를 '그 날'을 떠올리며 '남기는 글'로 적어 놓았었는데, 이제는 5000여 명 대한민국의 월남전 전몰장병을 추모하는 시로 그 쓰임이 탈바꿈될 줄이야…

- 시 "새와 사람"에서 세 가지 개념으로(위선, 탐욕, 음흉) 간추려지는 사람들 진짜배기 모습을 순우리말로 그려내고 싶었으나, 탐욕만은 아무리 애써도 되지 않아 한자말 그대로 쓸 수밖에 없었다. 읽는이가 너그러이 받아들였으면 싶다.

- 시 "하루가 새로운 까치"에서 '하루가 새롭다'는 말마디는 시간의 흐름을 아쉬워한 나머지 분초를 아끼는 성실한 모습을 그려 낸다. 하루가 새로운 까치의 삶에 빗대인 사람이 어떠한 실존의 모습사리를 지키며 살아가는지 눈에 선하다. 그 사람은 무엇보다도 스스로에게 성실하다. 그리고 절대자께 수그리며 제 하루하루 그때그때를 그분께 맡긴다.

차례

- 시인의 머리글
- 일러두기

가름 I.

삶의 자취가 뜻매김하는 말속 / 013

신비로운 꽃잎 빛깔
나라 지킨 병정
더할 나위 없는 사랑
밝힐 자리
달과 가로등
말마디 씨알
하루가 새로운 까치
새와 사람
나뭇잎 자국
고향땅 밤하늘

동그라미
말본새
여름밤
진잎
코스모스 팻말
트인 소리 새
시인과 봄
메마름
시인의 됨됨이

가름 II.

마음
달래기　　　/ 055

하늘 바라기
병시중
나그네
들녘
시달린 마음
구월
세월
되살린 삶

수채화
산비탈 산새
곁을 주는 말겨룸
애마른 미리내
여치
이른봄
진달래꽃
철 따라서

가름 Ⅲ.

잇힘과
새김　　／ 087

망부석
떠오름
월남전 파병 용사
잊히기 마련
꽃전설
서로 같은 바탕
채송화
겨울바람
보람찬 날

봄까치
토건 댐

가름 IV.

내가 설 땅은 어디 / 113

나무의 마지막 날
비오는 밤
바로 그 소릿결
발붙일 곳
맨 처음 그대로
먹자골목
선구자
고욤나무
누나
전쟁터 월남의 밤하늘
전쟁터 월남의 대낮

가름 I.

삶의 자취가
뜻매김하는 말속

신비로운 꽃잎 빛깔

봄 햇살 그득한 뒤뜰에
꽃나무 하나
꽃나무 둘

따로따로
보랏빛 꽃
붉은 흙빛 꽃을
피우다 말고

안어른과 헤어질 무렵을
낌새채더라.

"참 아름답구나"
말소리 한마디 남기고
아내는 그 봄에
하늘나라로 떠났다.

이 봄에도 꽃은 그때처럼
슬픔에 아픔을 삭인 빛깔
여느 옛적 없이
신비로운 꽃잎 빛을
하늘로부터 받아 내지만

빛깔은커녕 무늬조차

그렁그렁 방울지는 눈망울은
제 안에 담지 못한다.

나그넷길,

멀디멀다며
길채비 재촉하더라.

후미진 두멧길
모퉁이 길섶이
눈길을 끌기에
보니

아픔에 슬픔을 달인 빛
청잣빛
꽃 한 송이.

나라 지킨 병정

패랭이꽃 철모에 꽂아도 보고
가슴 설렘 두세 해라.

두멧골이 다달이
상순 중순 하순에
때맞추어

빛깔 섞음으로
새라새로운 꽃누리 그림을,

게다가
소도록이 눈 덮인
온 데에
눈꽃 먹그림까지

펼치니

고흐 그림 모음 앞에 선듯
황홀함이 가없네.

벅찬 감동은 뒤로한 채
귀향,

뼈대를 갖추고
비로소
세상에 나설 수 있게 되었으니,

꽃이 사나이를 만든다.

예비역 병장
아내에게 늘 오손도손
속마음을 터놓네그려.

나는 나날이 보네
새뜻한 들꽃 산꽃이

당신에게서
연신 피어나는 것을.

더할 나위 없는 사랑

꽃은 시들고
풀은 마르나

내 사랑
당신께
내내

시들해지지도
메말라지지도

않을 것이야.

햇빛과 빗물로
있다가 마는
땅의 것이 아니라

내 본디 바탕은

당신 말씀이
줄곧 빚어내는
산목숨이니.

밝힐 자리

"너는 세상의 빛이라."

말씀에 따라선 소릿결이
다시금 밀려와

내게서 빛 파장이 일게끔
내 둘레를 흔드나이다.

빨아들인 기름으로
제 몸을 태워
빛을 내는
등잔 심지.

몸을 던져
흐름에 맞서고는
제가 먼저
밝게 달아오르는
전구 심지 필라멘트.

비워야 하리.
부서져야 하리.
맞서야 하리.

근데
보잘것없는
내 등불을 두고

너르디너른 세상
짙은 어둠을
비추는 빛이라니,

빛 결대로
빛 번짐에

고작
두서너 아름
어둠이 내 몫

밝혀야 할
자리가 아닌가요?

달과 가로등

가로등 불빛 언저리를
벌레 떼
신명나 돈다.

밤도와 엉켜도나

달은 더 밝아
그냥 높아

그리로 날아들
한 마리 나방이도 없다.

보고도 여름이
범하지 못한 그대.

지저분한 떼거리가 있어서
맑디맑음은 제대로
뜻매김 받는다네.

말마디 씨알

햇살 기운을 모으며
너와 나 바람결에
마음속 골짝을 맑히다가

참마음 깊이로 나눈
말마디마다 말속,
영성의 씨알은

떨구어 놓은 채
떠나온 잔디밭,

풀잎을 헤집으며
참새 여러 마리
하루치 양식을 쪼고 있구나.

너는 깨치리라.

겨울 안개 걷히고
연둣빛 봄기가
푸새에 스며들 때

옛 자취 풀밭이
모도록이 더 짙은 풀빛
금잔디였다고
새삼 느껴지는 까닭을.

하루가 새로운 까치

가야 할 길,
우러러볼 푯대,
길이길이 참된 삶을

찾아나서는 뜻이야,

해맑은 아침 햇살 기운이
서리네.

큰키나무 가지 높이높이
둥그러니 틀어 놓은
둥지 보금자리

하늘 푸름을
넉넉히 담는구나.

참살이야,

마음씀씀이가 그윽하니
울음소리도 값지어라.

안타까이 기다리던 알림이
오늘은 꼭 오리라

아침에 까치는
우리에게 귀띔하지 않던가?

날개야,

세상살이 부대낌에
그리도 더럼을 탔어라.

하늘을 우러르며
푸덕푸덕 나래를 쳐도

사람살이
함께 살아가는 이들

벗을 트고 나자
깊은 사이라 이르고는
곧장 바른길을
벗어나는 통에

참 좋았던 엮임이
그길로 끊기고 마니

검댕 뒤끝,

뒷손질에 솜씨 없는
까치 홀로
어찌 지울 수 있으랴.

새와 사람

새는 사람보다
여러 곱절
더 멀리 내다본다.

바투보기도 뛰어나
앉을 나뭇가지를
찰나에 가려낸다.

사람이 눈 뜨고도
볼 수 없는 것조차
넘보라살 빛까지 가름하여
또렷이 본다.

맑게 빛나는 새 눈엔
사람이 어떻게 보일까.

"공중 나는 새를 보라" 했으니,
하늘을 날아야 할
날짐승은
창조주에게 품긴바

조롱 안에 잡혀 있는 새가
틀에 갇힌 사람들에게
우짖는다.

너희는
절대자의 다스림 뼈대,
크나큰 뜻을
거스르고 있다네.

참새는
누구의 말과 몸가짐 자취가
영 다른
겉꾸밈을 까밝히고

제비는
누구 속에 들어찬 탐욕을
낱낱이 드러내며

비둘기는
누구의 시커먼 속을
그대로 들추어낸다면

새가 이 땅에 몇 마리나
살아남을까.

나뭇잎 자국

가랑잎이
곁눈을 스치다가

금새
마음밭 모퉁이에
바스락 내려앉네.

가을이 온다는 알림은
단풍나무가
일찌거니 받아 놓고 보는구나.

동틀 녘 서릿김이
잎줄 따라서
핏줄에 실핏줄인 듯
산 잎에 흘러들어

잎살마저
발갛게 환히 보여주면

어이없게도
진잎이라.

나날이 마당을
쉼 없이 덮으니

잎잎이
깨진 다짐

그 잔속 하나마다
자국이 남아

오지그릇 조각인 듯싶게
널리는구나.

고향땅 밤하늘

별바다
별마다
간직한
마을 얘깃소리.

뜨락 옥수수가
알알이 익을 무렵

앞마당 평상 언저리서

내리내리 이어받은
이야기가
덤불쑥 연기에 실려 서리면

별나라 미리내 물가에

먼 뒷날
또 얹힐

예도옛적
동네 어르신 얘깃거리라.

동그라미

삶이 남기는 자취는
크고 작은 동그라미,

복판에 구심점이 없어
흠에 굽은 동그라미네.

올 때 두 빈손이
갈 때 두 빈손을
맞잡는 그림도 동그라미라네.

어찌하면 내 삶이
바로잡힌 동그라미로
남아나나?

컴퍼스 바늘 다릴랑
밑바탕에
붙박아 놓아야 하리라.

그날그날
올곧은 삶을
떠올려
눈앞에 어리게끔 하고,

내 삶에 날이면 날마다
따로 생기는 반지름
짧거나 길거나

비길 데 없는 힘으로
다스리는 분께

팽팽히 당기시게
수그려야 할지라.

말본새

말하는 본새에서
저도 모르는 그새
속뜻이 드러나고 만다.

기역 죽을 날이 석 달도 안 남았댄다.
니은 살 날이 석 달도 안 남았댄다.

의사가 손을 뗀
환자 한 분을 두고

죽음과 삶 서로 맞선
뜻 가림이
사뭇 다른
밑그림을 그려낸다.

글발 **기역**이 벌이는 판에서
아픈 분은
죽음으로 뜻매김되는 날을
하루도 빠짐없이 거치다가
그 날에 숨을 거둔다.

죽음이 씌우는 올가미
두려움·속절없음·맥빠짐을
그 날까지 날이면 날마다
고뇌스레 겪으란다.

글월 **니은**이 벌이는 판에서
앓는 분은
살아 있음에 하루치 보람으로
뜻매김되는 날을
나날이 살아가다가
그 날에 숨을 넘긴다.

삶의 참뜻을
그날그날
새로이 되새기란다.

아픈 분이 죽기를
바라는 이
혀에는
글발 **기역**이 제격이리라.

앓는 분에게 오롯한 나음이
베풀어지기를
그윽이 비는 이
입에는
글월 **니은**이 오르리라.

말씨 품새는
마음씨 바탕이 비치는
거울이다.

여름밤

쑥대 묶음
불씨를 받아

맵싸한 연기
서리는 한밤.

여름은
열림의 철이라.
밤 깊어 평상에 누우면
어느새
미리내에 얹혀

나 하나
보랏빛 잔대 꽃
별이 열린다.

진잎

늦가을 마당에
진잎이 나뒹구니

마지못해
마당비를 든다만

귀청에 금이 갈
움틀 적 기세로
허깨비 나뭇잎이
아우성이라.

가랑잎 무더기에
불씨를 던져야 하나,

발길이 내키지 않는다.

햇살 기운에
돋다가 사로잡히다가

죽지 상한 갈잎은

내 마음 본뜬
해굽성 조각이라네.

코스모스 팻말

밤새 내린 이슬비에
뱐미주룩 돋은 싹을
"밟지 마셔요."

가녀린 실오리
허리를
"꺾지 마셔요."

빨간 목숨
새하얀 마음
분홍 사랑이
여덟 꽃잎에 가득합니다.
"나를 아껴 주셔요."

서리 맞은 가을이
추위를 타네요.

까맣게 여문 씰랑
"고이고이 간직해 주셔요."

트인 소리 새

울새는 깃을 치지 않아도
높이높이 날 줄 안다.

하늘이 땅을 만나
사귐의 판을 펴는 지평선이
제 삶의 터전인 하루

낮은 데서
하늘 가까움을 깨치고

위에서 내리는
숨결을 본떠
제 숨기운을 고른다.

둥지 안에서
먹이가 오는 쪽으로
울대를 가다듬던
예도옛적 몸가짐 그대로

울새
나날이 생기는
제구실에 힘쓰니

날마다 쪽빛 묻어나는
하루치 소리.

트인 소리 새
울새는
저 높은 데를 우러러
나래를 편 채
말씀소리 흐름결 기운에 실려
솟아오르다

들판을 채우게끔
하늘 가락을 받잡는다.

하늘 소리나 한가지
한속 맞울림은

그날그날 바지런스레 익힌
새로이 소리내기라.

시인과 봄

두멧골 얼음 녹아
개울물은 얼음물.

시인은
시린 물에
눈 씻고
입술 적시네.

스치는 찬바람에
말느낌이 새로이 잡힐 듯 말 듯

눈씨를 모아
봄기 낌새를 알아챈다.

새, 풀, 꽃, 나무, 바람보다도
더 미더운
시인은
봄을 땅에 몰아오고

봄은
햇살 기운을 이어받아
땅 위에 불어 댄다.

산의 핏줄
골짜기에
다시금 다스한 피가 흐르네.

메마름

연신 불던
늦가을 바람에
따라선 메마름이

만남의 터
분수마저 말리더라.

한동안 휘둘리던 나머지
역겨움이
물 빈 바닥에
내리 깔리네.

입술 새
가로 번지던
이념의 윤기

그적 지절대던 이야기가

이즈막
발밑에 갈잎이니

지는 꽃잎 아파했을
눈물도 마르네.

참은
참삶이 가려내고,

거짓은
꼬리 드러난 겉꾸밈이
까밝힌다.

시인의 됨됨이

사람살이 덤거칠어도
시혼이 시들지 않는 이

세상일 겉모양새 앞에서
보는 눈이 있어
그래야 마땅한 꼴을
새로이 그려 낸다.

산목숨·예 있음·
까닭·쓸모·값짐·본바탕까지
꿰뚫어 볼 줄도 안다.

시인은
가슴앓이에
주저앉지 않고
새라새로운 눈을 떠
시 짓기에 애면글면한다.

말속 다듬기
수고에 힘입어
삶의 겉보기와 밑바탕은
각이 떠지고 있다네.

가름 Ⅱ.

마음
달래기

하늘 바라기

먹빛 구름이
이슬비 한차례
뿌리지도 못하네.

마음 새겨
서너 줄 보내려고
애써 밤새움하였다네.

고이 담긴 뜻
두서너 줄 받아 보려
오랜 날들 기다림이
지쳤다네.

내내
말없음으로 이어질
만남일지라도

내 앞에 한 번쯤
나타나 주시기를.

헛기다리게 하지 마소서.

병시중

나날이 야위어 가는
제 사랑
곁에서 보살핀 이는

슬픔 참기라는
사람살이 본새에
눈뜨리라.

게다가
하루 이틀 사흘 나흘
한 해 그다음 해 또
늘 아픔이 잇따르나니,

슬픔(悲)은
아픔(痛)으로 흐른다는
속내가 마음자리에
들어앉을 것이네.

아픔일랑은
날이면 날마다
하루치씩 따로 생기는
몫이라

그냥 견뎌내야 하리라.

시름이 다져 놓는
세상살이 오솔길
끝자락에서

하늘과 땅
사이에 두고
서로 헤어짐은

어찌 해낼 길 없는
슬픔을 남기더라.

떠나가는 이에게도
남아 있는 이에게도

여느 때 없는
아픔도

여느 옛적 없는
이승의 고달픔도.

나그네

짙어 가는 어스름에
불 밝힌 열차가 지나친다.

세월앓이에 야윈
나그네를 태웠네.

쿵 철거덕 쿵
쇠바퀴가 돌리는 밤시간에
옛적 일
지구가 돌린 날들이
얼핏 되살아난다네.

흔들림에 기댄 채
자장그네 속
꿈길을 그려 보나

떠오르는 건
믿음을 저버리고
등지는 세상

추한 모습들뿐.

나까지
추해질 수야 없지.

다짐으로 제 마음을
다독이는 이.

슬픔이 고인 눈에
불빛이 녹아들어
방울져 떨어지니

눈물방울인 듯
불빛방울.

들녘

떠받치고 안아 주는
절대자의 손길이
못내 아쉽고

뼈아픔이 참기 힘들면
모도록한 풀벌에
서 보라.

이글거리는 해님이
넘놀며 들노는
홍염의 발칙함에도
동그라미 오롯이 지키듯

벌판은
해껏 너나없이 앙구고는
해름에는 영이 돈다.

흙내음이 푸성귀 사이로
한결 싱그러운 들녘,

이제 밤도와 별바다는
너만의 것이다.

시달린 마음

한숨 잠에
고단한 몸
실실이 풀리거든,

힘겨움이
눈가에
몇몇 해고
비껴가네.

세상살이 고달픔이
입술 새로
스미지 못하던 그적에

눈물까지 재워준
옛 자장노래는
입때껏 고스란히 남아 있다네.

나날이 떫디떫은 사람살이에
부대낀 그대

아기같이 잠들어 보렴.

자장노래 가락에 얹혀
별빛 달빛이 흐르게끔

커튼 걷어 젖힌
들창 아래서.

구월

하늘이 내려와
살며시 얹히는
산마루

송골매 맴도는 아래
등성이 너머 소리에
마음이 쓰여

살진 산새 한 쌍
귓전을 스치는 바람에도
가슴이 두근거린다.

논벌에는 벼이삭이
낟알 온통 무게에 욱질려
지그시 고개를 숙이지만

말없음은 이제 더 황금이 아닌
새날에
너와 나 사이 말거리는
이제야
실마리가 풀리려 하네.

가을걷이철이 코앞인데
구월은
옹골진 열매
하나 더
여물리게 애쓴다네.

세월

초승달
반달 지나
보름달로

보름달
다시 반달
이내 그믐달.

세월은 저 스스로
거침새 없이 흘러가면서
왠지
하나치 낱단으로
흐름을 끊어
일여덟 날씩
모개로 흘려보낼까?

언젠가부터,
세월에 속아 살아야
슬기로운 세상살이란다.

되살린 삶

햇곡머리에
나뭇가지 그림자
엷게 드리우고

빨간 고추가 마르던
멍석 언저리

잠자리 날개에 얹힌
반짝이 햇빛이
가을 뜨락을 나른다.

과일 영그는
가으내 가짓수에서
떫어 못 먹을 감
녹갈빛은
서리에 무르익더라.

한 편 시로도 여물지 못한
사람살이가 안쓰러운
가을걷이철.

차라리 한 개
땡감이면 어떨까.

된서리 맞은 연시,
까치가 쪼면
얼마큼 헐어진 삶일 테고,

서릿가을 햇살 기운에
아무는 상처,

다시금 해맑은
주홍빛 목숨이겠지.

수채화

연둣빛 숨결이 졸던
봄 둔덕 볕받이에
검푸른 꼴 빛
여름 그림자.

황금빛 불꽃 가을
사라진 자리

흰옷 차림차리
저 멀리서
다가서네.

겨울은
눈송이로 동백기름 삼아
바람 참빗 들이대고
미루나무 칠칠한 머리
곱게 빗질하는 철.

산비탈 산새

날개가 까맣고
가슴이 새하얀
새는

까만 새인가
새하얀 새인가?

이슬을 쪼아
하늘을 마시고

숲이 우거진
물 맑은 고장을 찾아서

안개 골
산등성이도 넘는

가슴이 새하얘
산비탈 새하얀 산새.

산기슭에 내려와
우짖는 소리야

지들끼리 주고받는
마음 트기
산골짜기 사랑 이야기.

곁을 주는 맡겨둠

강, 산허리 안아 돌자
산, 강물 품안에 안기네
물구나무선 채로.

산 빛 다채로이 바뀌어도
한결같이 너른 물줄기 강.

강물 덧없이 흘러가나
먼저께 그 산.

애마른 미리내

별 하나 뜨네
엄마 별
나 별 하나 보았죠.

별 둘 뜨네
아빠 별
나 별 둘 보았죠.

별 셋 뜨네
언니 별
나 별 셋 보았죠.

별 자꾸 뜨네
내 별은 어디
나 자꾸 보았죠.

내 별 찾아
내 식구 모두
해름부터 나서는데

오늘밤
미리내 어디를 또
헤매고 있을까?

여치

샐녘 이슬 호로록 하고
여치,
사늘한 아침녘
늦봄에 첫여름 소리.

희누런 귀리 이랑이 길기
금빛 보리
고랑을 건너

소나무 그늘 언저리
수풀 속
여치,
낮 내내
두멧골 냇물 소리.

어쩌다
제집도 아닌 여치집
밀짚에 갇힘

씨르래기,
저물녘 어스름까지
골바람 소리.

이른봄

잎샘추위 하루 내내
햇살 기운은
묵은해 둥지 자리보다
더 높은
까치 새 보금자리를
보듬는다.

독재자인 양
길고도 질긴
겨울철도 마침내
이른봄 바람에
떠밀려 사라지고

오르리 아지랑이
고요도 조는 볕받이

먼먼 데에
누가 오나 보네,

일찌거니
한 쌍 까치가 난다.

진달래꽃

한반도 남녘 땅
봄이면 산마다

성미도 괄괄해라
진달래나무

잎보다 먼저
꽃을 피운다.

진달래꽃
산비탈에
분홍빛 연지 찍고

부끄러움 탈 줄은 아네.

영변 산에도
진달래꽃이
핀다 하니

북녘 땅 산과 들,
강물, 바닷물까지

우리네 강산이
틀림없으렷다.

철 따라서

봄바람 산 넘고
꽃바람 벌판 건너

개나리 꽃망울마다
노란빛을 터뜨리네.
봄기운이
꽃샘추위를 내몰아대니.

복날 더위에 지친 귀뚜리
외따로 밤샘하네.
밤들수록 서늘함이 짙어지니.

해바라기 씨앗
알알이 들어차네.
가을걷이철을 열치려 하니.

아주까리 울타리
사각거려
겨울이 불쑥
닥쳤다는 알림이니.

가름 Ⅲ.
___

잊힘과
새김

망부석

강물 흐름에
물길을 내던
눈물

막 잦아드는
강기슭에서

울새의 울음기가
내비치는

애달픈 사연.

가지 마라, 가지 마,
싹쓸바람이
휩쓸어 갈라.

기어이
가버리더라.

저물녘 햇살이
손짓하거나 말거나

이제금
길섶 게 서 있네그려.

임 그리기 천년
기다림 만년.

곁이 빈 외로움에
애마르는
돌 하나.

■ '망부석' 시에 남기는 몇 마디

- **두 목소리**

  시인의 목소리: "강물 ＿＿ 사연"(앞쪽)

  울새의 목소리: "가지 마라 ＿＿ 돌 하나"(뒤쪽)

  "가지 마라 ＿＿ 갈라" 세 줄은 정인 A가 정인 B에게 외치는 소리를 울새가 그대로 끌어와 제 목소리에 올린 것.

- **하루와 영원의 대비**

  저물녘 햇살 vs. 영원을 품는 수사학 천년 만년

  '영원(무한대)+알파 = 영원(무한대)'이라는 수학 공식과는 다르게, 오늘 하루는 마음속 깊이로부터 나오는 제 앙버팀이 ('하거나 말거나') 하루치 무게와 그 의미를 잃지 않는다.

- **끝마디**

  맨 끝줄 "돌 하나" 다음 줄에 "나 하나" 한 줄을 보태도 좋지 않을까 싶었어도, 그리하지 않았음. "돌 하나" 마디에서 낱말 '하나'가 응축해 내는 내 실존의 총체가 강렬하기 그지없는데, "나 하나"를 덧붙이면 군더더기가 될 것 같아서 (redundancy).

- **망부석**

  望夫石 / 望婦石(읽는이가 하나 고를 일)

• 영원성 설정

　울새와 강(울새가 우는 한 그 눈물이 물길을 내고, 강물은 흐르므로)

　돌 하나(그리움과 기다림이 빚어내는 사랑은 결정체 돌로 남아 영원하므로)

떠오름

사시나무 줄기 맨 끝쯤에서
하늘빛은
곶을 감도는 바다 빛깔.

쪽빛 하늘에
아릿거리는 자취
옛적 일 한둘이라.

눈물 머금고 바라보는
하늘 깊은 푸름은

아픔에 슬픔을 더하고
슬픔에 아픔을 보탠다.

내가 가야 할 저세상
하늘나라에서

길이길이 삶을 대주는
물을 마시고

새 땅 강기슭에서
새 하늘 우러러보면

눈물도 아픔도 없다 하니

예도옛적 그런저런
가팔라 힘겨운 길
사람살이가 남긴 피멍울

떠오를 리 있겠나.

월남전 파병 용사

노병은 죽지 않고
다만 사라져 갈 뿐이라,
말들 하네.

대한민국 젊은이
한 병정은
세상 눈망울에
이제 더
어리지도 못하고

챙겨야 할 제자리
아쉬움마저
누구에겐들
떠올리게 할
결조차 없이

늦여름 골안개처럼
스러져 간다.

장미꽃 열정
펴지도 못해 보고,

내가 살려면
적군을,
그도 사람인데,
먼저 죽여야 한다니,

흰 나리꽃 순수함을
본뜨지도 못한 채
젊은 병정은 잊히고 만다.

베트남
남의 나라에
목숨 바쳐
충성할 필요는 없었는데도.

잊히기 마련

마음속에 맺힌 잔속
반쯤 적다가
끝내지 못한 글월

그냥 잊히게끔
그만두는 게
좋을 때가 더 많다.

누구에게나 구렁이 있어
잊힘을 도맡는다니
기꺼운 일이다.

새 삶을 살겠노라
속다짐한다면

잊힘이 깊은 늪 속에
던져버려야 할 게
한두 가지가 아니다.

진눈깨비 내리는 날
어쩌다가 생각나면 어떡하지?

그래도 떠오름조차
진저리나서
잊혔으면 하고
그윽이 바란다면

머릿속 갈피에서
예사로이 사라지리라.

아름다운 떠오름으로 남는
보람찬 참살이는

언짢은 옛일
떠올림을 거두고
첫걸음을 내디뎌야 하리라.

창조주에게
모름지기 고마워해야 할 일이다.

꽃 전설

꽃이 빛깔과 내음으로
그윽이 눈길을 흘리면
벌은 울림을 앞세워
만남을 꾀한다.

벌의 날갯짓 소리에 얹혀
이야기가 새나자

호박꽃
장지문 닫아걸 듯
제 꽃잎으로
수술 암술을 덮는다.

바람결에 애호박
살이 오를 무렵

호박꽃은 여위고 시든 제 몸
바로 가누겠다며
채비에 들어간다.

호박전을 맛나게 먹을지언정
아무도
벌과 호박꽃 단짝을
고맙게 여기지 않는다.

서로 같은 바탕

명화 모음인 양
시를 즐겨 보던 넋은
마음 깊은 참살이에
맺힌 보람
한 편 시로 남으리라.

비우다 비우다
뼛속마저 비운 몸은
광물질로 채워지고
이어 화석이 되리라.

아슬아슬
한때에
영은 절대자 손에 들리고
하늘나라 백성이 되려니

너와 나
그지없이 멀어져

외따로 겪는
슬픔과 아픔

이쯤 거두어지게
할 수는 없을까?

채송화

오뉴월 가뭄에
칠월 장마쯤이야.

팔월 내리쬐는 뙤약볕에도
더없는 꽃망울 정성으로

여름내 가으내
피고 지고 또 피는

날마다 하루살이
새로운 꽃송이

아침나절 피어나
저녁나절 오므리는

참 때깔 곱고
다채로운 꽃

한해살이 목숨
하늘이 가꾼다.

겨울바람

주렁주렁 곶감 꼬치
다 헤아리지도 못한 채
가을은 서둘러 가버렸다.

매서운 겨울바람은

산맥은 결대로
강은 가로질러

휘몰아치다 말고

들쥐의 주검이
발치에 놓인 둔덕에서

마른 억새 켕긴 줄에
현악 진혼곡을 켠다.

겨우내 눈보라에
숨죽이던
나뭇가지 잎눈

움트려 수고하는
그 갸륵함을

숙진 겨울바람은
봄바람에 일러 주고
떠나간다.

보람찬 날

저녁나절
이런저런 생각에
따라나선 속다짐,

낼은 하루치 보람을
제대로 건지리라.

낮때 쏟아지는 햇볕 아래서
고된 등판에는
땀을 내다가

언뜻 저녁놀이 눈부실 즈음
집히는 것
하나 둘 헤아리니

손에는 땀이 지나간
손금 줄무늬.

땀은
지난날 자취에
보람줄을 남긴다.

봄 까치

큰키나무 높은 쪽으로
나뭇가지 가로 물고
까치
나래를 접네.

암컷 수컷 한 쌍 까치는
이른 봄에 이르도록
한겨울
새 보금자리 마련에 바쁘다.

드나드는 어귀는
흙으로 미장일까지 하다 보니
그리 오래 걸린다네.

수컷이 물고 온 나뭇가지는
암컷이 건네받아
연신 둥그렇게
둥지를 튼다.

겨우내 시리던 발톱까지
봄기에 얼마나 가닐거릴까.

차가운 부리는
햇볕에 쪼이고

수컷은
알을 품고 있는 암컷에게
먹이를 물어다 먹여준다.

서로서로 알뜰살뜰 보살피는
까치 한 쌍

누구네 금슬 사랑을
본받았나 보다.

토건 댐

일자 삭는 흰 구름
봐 하니 물거품이야.

수십 길
바로 아래로 떨어지는
거품 품은 물줄기 예닐곱
겁에 질려 저마다
외마디소리를 지른다.

갇히고 만 큰 물
강물이 이루어 낸 민물 바다
한가운데에
허리까지 잠긴 산.

이제
외딴섬이네.

정체성이 난데없이
바뀐 판이라
딱한 꼴이네.

그나저나
외톨이, 쓸쓸해서 어쩌나.

가름 IV.

내가 설 땅은 어디

나무의 마지막 날

봄날인데 나무가
연둣빛 이파리
내지 못한다 해도,

숨쉬기가 멈추었네
말하지 마라.

눈물 줄기가
나무둥치를 타고 흘러내려
뿌리를 적셔도

잎눈이 여느 해처럼
트지 못할지언정

나무는 자리를 지키며
게 그렇게 서 있지 않은가?

마른 가지가
쉬이 꺾인다 해도,
나무가 버드러졌다고
고갯짓하지 마라.

회오리가 덮쳐도 끄떡없다가,
쇠, 이르심을 싣고 다가오는
어느 날 바람이

세월에 튼 제 껍질을 쓰다듬자
나무는 때가 왔음을
이내 깨칠 걸세.

그리곤 냅다 크나큰 소리를 지르며
본때 있게 쓰러지고 말 것이네.

그늘과 쉼터 대주던 삶이
우수리 햇수마저
다했음을 알아챈 게야.

참을 찾아나서는
머디먼 갈 길
제구실 수고가 적힌바

글쪽지에 힘입어
거저 추려지니

따로 가려내진 끝 날
여느 때 없는
짙은 빛깔 한때가

끝 간 데 없는
우주 시간조차 뛰어넘어
하늘나라에 들어선다.

절대자와 사귐이 깊은 사이
길이길이 누리는 삶이
가없이 펼쳐진다네.

비 오는 밤

헛소리에 맞대꾸하던
헛웃음마저
밤비에 잦아든다.

낙수받잇돌에 떨어지는
처마홈통 빗물이
초침을 치고
밤 동안을 흘려보내니

때의 흐름결이
홀로 생각에 잠긴 이
귓바퀴에 돌아든다.

그분 숨결을 따라선
소릿결이
내 마음밭을
이르집어 놓았던

그적 말씀과
선득 다시 마주친다.

비 잔잔히 내리는 밤은

말씀 앞에 선
단독자가 되기에

딱 십상인 때.

밤 때를 아껴야 하리라.
비오는 밤이면 더더욱.

바로 그 소릿결

큰일 해내는 목청소리로
오시는 당신에게
한목숨
깎아지른 바위
벼랑이 되렵니다.

벌판을 지나
사라지려는 소리
가슴으로 막고

말씀소리에 따라시는
되울림을 일으켜

생각 없는 귀청이
떨리게 하렵니다.

회개에 회개를
기쁜 소식에 기쁜 소식을
샬롬에 샬롬을

바로 그 소릿결대로
목울대에 올리겠습니다.

잇달아 다가오는
말씀 기운에

그때그때
사로잡힌 바

산목숨으로
움직이게 하소서.

발붙일 곳

동녘에도 서녘에도
마음 붙일 데 없다니
어디라 없이
마찬가지라.

시냇물 기슭 따라 오르내리는
고향 마을 거기

눈 시린 푸름도
본디 주황 노을빛도
언제더라 모르게 잃어버린 채
허전함 밀려오는
이즈막 하늘.

옛적 모습 간데없이
흉터투성이로 남아
딴청을 부리는 땅.

바다마저
옛것이 아니더라.

도둑맞은 하루치 맑은 공기
미세먼지 수치대로 매겨지니
어디서는 맘껏 들이마실 수 있나.

트집잡는 숨결에도
날리는 티끌,

뜬세상을 하직할 어름에

질정하지 못하던 마음은
한 찰나가 휘감아
훅 날 것이네.

길이길이 살
하늘나라
발붙일 터
잡힌 자리로.

맨 처음 그대로

날갯짓이 고되다던 펭귄새
날개가 지느러미로,

땅위로 다니기 마다더니
물개 다리도 지느러미로,
탈바꿈했네.

애초 날짐승과 들짐승인데
어쩌자고
물속을 가르며 노닐고 있는지.

제구실은 어떡하고,

넘쳐나는 먹잇감이
그리도 부러웠더냐.

배부른 투정에
기름이 도나

물은 예대로 짜고
차지 않더냐?

하늘과 땅으로
맨 처음 그대로

돌아오기 본능은
어찌되었나.

먹자골목

골짜기 치훑는
골안개인 양

거리로 빌딩을 끼고
에도는 이내.

왁자하기로는
사람들이
시냇물 속 송사리떼보다
질서가 없어라.

어스름밤에
곁을 주며
밝아지는 가로등 아래

가지가지 먹을거리
갖춰질 사이
냄새감각이 앞장서는
먹자골목.

밥상 모임은
둘러앉아
서로서로
옴씹는 감촉대로
식감을 꿇고,

저마다 게검스레
맛감각을
달래고 떠받든다.

먹자판은
제풀에 끝날 줄 모르다가
슬그머니 술자리로
이어져 나간다.

어쩌자는 건지,
이참에는 술로
끝신경에다
줏대신경에 뇌세포까지
치고 때리며 마비시킨다.

섬기다 말고
느닷없이 학대하니,

집단 인격분열이
도진 게야.

하루치 영혼의 양식
그날그날 그윽이
바라고 찾는 이를
어찌하면 만나 볼 수 있을까.

선구자

꽃망울 터지기
여남은 날 이르게

나비는 다스한 햇살
두 쌍 나래에 싣고
살푼 나울거리네.

앉아 좀 쉴 꽃잎이랑
입가심할 단물이랑
아니 보여.

그늘받이 에돌 즈음
도사린 패잔병
겨울바람에

넋이 빼앗기자

모새 위에 날개를 편 채
눈감더라.

제 잔등을 따라선 봄기운이
언 땅 제 고장 산골에
입김을 불어

머지않아
돋아날 산나물 싹

채 눈여겨볼 겨를이
닿지도 않았으니

한낱
먼지로 스러지고 만다.

고욤나무

콩 심은 데 콩 나고
팥 심은 데 팥 난다 해도,

감나무 씨앗 심은 데
고욤나무가 자란다.

구월을 반기는 뒤뜰에
녹갈빛 고욤 한톨 한톨
자르르 윤기가 흐르니

입맛 다셔 보나
떫디떫음이 떠올라
침이 고이지도 않는다.

뒤늦게서야 철드는
아들딸처럼

두세 달 뒤
제 철은 따로 있어
첫겨울에 들어서야
익으려 하는
연보라빛 고욤.

된서리가
먼동 틀 무렵마다
애써 들인 수고
그 보람으로
다디단 꿀맛이니
연시는 저리 가란다.

고욤,
가지가지마다
송아리 지어 달려 있으나
알도 작고
무게도 그저 그래
내다파는 사람이 없네.

밑그루 노릇에나 제격이라니
견딜 재간이 있나,
고욤나무 밑동이
그냥 잘리고 만다.

때깔 곱고 푸짐한
감 가을걷이에
곶감까지 장삿길에 오르니
언젠가부터 감나무 접붙이기가
막힘없는 흐름이란다.

예도옛적 시골 마을은
무르익은 고욤을 따 모아
동이에 넣고 겨우내
꿀단지인 듯
어린이 입맛을 호사시켰지.

옛날 왕조시대 고욤나무는
의원들의 즐겨찾기 나무였다네.

떫은 열매에서
나뭇잎에 이르기까지
으뜸 치료제를 댔다네.

제 본디 모습이
시나브로 사라지는
애처로운 볼품
고욤나무.

누나

아스라이
아침내
골안개 일더니

눈발
솔잎 새로
슬몃 드는
저물녘.

이맘때
예도옛적
무던하던
누님이여.

창틀에 턱 고인
하 긴 꿈이
당실
눈송이 위에 들려
이내에
쌓이더니

이제는
그적 그리다
외딴 꿈
쉴 곳은 어디.

전쟁터 월남의 밤하늘

밤하늘 곳곳에
터지는 조명탄이

이리저리 한가로이
하늘 높디높은 길을
비척거린다.

밤늦도록 대낮인
한밤중은
그림자로나
땅 위에 납작 엎드린다.

전쟁이 끝나기라도 했나
갑작스레 빛남이 스러지면

싸움터는
여느 때 없는
칠흑빛 어둠,
아득한 옛적
고요 속에 빠져든다.

가슴을 뒤흔드는 땅울림이
그만 아주 끝나기를

M16 총과 세 이께
서로 엇기대게 하고
병정은 그윽이 바란다.

전쟁터 월남의 대낮

시름이 드리워진
야자수 그늘

한 자락은 접고
마을이 낮잠을 잔다.

큰키나무 열매 숭어리야
치솟은 망루,

네 철 그루갈이
여무는 들판
홀로 서서 망을 본다.

자장그네 속에서
잠든 아가

방실 웃던
여느 때 모습사리
그대로 꿈나라에 들었나

나무에 올라
두 닢 입사귀로
날개 삼는다.

포연이 자옥한
하늘 아래

희미로운 해그늘이
안쓰러운
작은 마을.

아가는 잠에서
깨어날 줄 모른다.

이병용의 시세계 〈청잣빛 꽃 한 송이〉

시간 밖의 시간 속으로
들어가는 여정

류 우 림 (시인·목사)

　인간은 시간과 죽음 앞에 전적으로 무기력하다. 이런 까닭으로 인간의 삶은 시간과 죽음 앞에서 무의미하고 무가치해질 위기에 처한다. 시간과 죽음의 문제를 넘어서지 못하면 어떤 형태의 삶을 살더라도 인간은 결국 허무와 부조리를 직면하게 된다. 시간과 죽음은 누구에게나 객관적이고 때로는 무자비하기까지 한 것이다. 그러나 한 사람에게 주어진 시간은 어떤 것과도 견줄 수 없는 선물이자 그래서 죽음마저 극복하고 초월하는 구원의 기회가 되기도 한다.
　따라서 시간은 한 가지로만 존재하는 것이 아니다. 객관적 시간과 개인이 일상 속에서 느끼는 주관적인 시간은 다를 수밖에 없다. 강물처럼 흘러가는 일상적인 시간(크로노스) 속에서 우리는 시간이 자신에게 가져다주고, 삶에서 가져간 것들을 통해 절대자의 섭리의 때(카이로스)와 만날 때 비로소 지상의 시간은 영원의 시간과 연결된다.

이 시집은 시인의 지나온 세월이 모두 보고 들은, 그의 안에 있던 시간이 기록해 놓은 그의 삶이다. 그의 눈물이며 노래이며 기도다. 일상적인 시간 속에서 시인의 경험을 절차탁마로 빚어낸 아름다운 시어의 '미리내'(은하수)이다. 언어가 아무리 존재의 집이라 하지만 시인의 지나온 삶을 모두 시로 표현할 수는 없을 것이다. 하지만 우리는 언어에 의존할 수밖에 없으므로 그의 여러 시간의 차원 가운데서 그의 언어 시간, 혹은 시(詩) 속으로 들어가 그곳에서 시인이 통과해 온 시간과 시인을 통과해 간 시간의 궤적들을 일부 복원해 보는 것으로 이병용 시인이 지향해 온 삶과 시의 세계 속으로 들어가 보자.

1. 삶의 통증과 슬픔의 시간

시인은 사랑하는 이의 병시중을 들면서 사람살이의 본새

(본디의 생김새)가 슬픔을 다독여 가면서 인내하며 사는 것이라고 말한다. 그 슬픔이나 통증이 하루나 이틀 한 해 두 해로 끝나는 것이 아니라 일용할 양식처럼 하루치씩 생겨나는 것이라고 말한다.

> 나날이 야위어 가는 / 제 사랑 / 곁에서 보살핀 이는
> 슬픔 참기라는 / 사람살이 본새에 / 눈뜨리라
> 아픔일랑은 / 날이면 날마다 /
> 하루치씩 따로 생기는 / 몫이라
>
> -「병시중」일부

오늘 하루치의 통증은 그 날 그 날 잘 견뎌내는 것밖에는 달리 방법이 없다. 세상살이의 통증과 슬픔의 시간은 누구에게나 찾아온다. 이 시간의 변화 앞에서 속수무책으로 나약하고 무기력한 존재임을 절감하면서도 저자는 갈등하거나 흔들리기보다는 오히려 담담하게 자신을 객관화시키면서 자신의 몫을 감당해 내고 있다. 사랑하는 사람이 나날이 여위어 가는 모습을 지켜보면서도 할 수 있는 것이 슬픔을 참아내는 것밖에 달리 없다는 현실 앞에서 이별을 예감하며 어찌할 수 없는 슬픔을 토로하고 있다. 그에 따르면 세상살이는 시름이 다져놓은 오솔길을 걸어가는 것이다. 그러나 그

길은 호젓하고 낭만적인 길이 아니라 외롭고 고독한 길이다. 이 길 끝자락에서 누구나 예감하게 되는 사랑하는 이와의 이별이란 얼마나 애달플 것인가. 죽음을 앞둔 아픔과 이런 과정을 거칠 수밖에 없는 이생의 고달픔을 병시중을 하는 사이 저자의 가슴 속으로 들어앉은 통증으로 확인하고 있는 작품이다.

> 봄 햇살 그득한 뒤뜰에 / 꽃나무 하나 / 꽃나무 둘
> 따로따로 / 보랏빛 꽃 / 붉은 흙빛 꽃을 / 피우다 말고…
> '참 아름답구나' / 말소리 한마디 남기고
> 아내는 그 봄에 / 하늘나라로 떠났다
> 이 봄에도 꽃은 그때처럼 / 슬픔에 아픔을 삭인 빛깔
> 여느 옛석 없이 / 신비로운 꽃잎 빛을
> 하늘로부터 받아 내지만 // 빛깔은커녕 무늬조차
> 그렁그렁 방울지는 눈망울은 / 제 안에 담지 못한다…
> 후미진 두멧길 / 모퉁이 길섶이 / 눈길을 끌기에 / 보니
> 아픔에 슬픔을 달인 빛 / 청잣빛 / 꽃 한 송이
>
> ─「신비로운 꽃잎 빛깔」일부

이병용의 시에는 아픔, 슬픔이라는 말이 자주 등장한다. 그런데 그 아픔은 청잣빛이다. 사랑하는 아내를 먼저 떠나

보낸 저자의 아픔과 슬픔을 달인 빛깔이며 먼저 하늘나라로 떠난 아내가 하늘로부터 받아내어 남편의 눈길을 사로잡는 신비로운 빛이다. 그래서 이 시는 더없이 아프고 슬픈 감정을 담고 있지만 아내의 마지막 말처럼 참 아름답기도 하다. 젊은 날 마음 놓고 속마음을 털어놓을 수 있었던(「나라 지킨 병정」) 아내는 떠났다. 봄이 오면 꽃은 피어나지만 오래전 아내와 함께 바라보던 그 꽃이 아니다. '이 봄에도'에서 토씨 '도'는 아픈 아내와 꽃들 사이에 어떤 일이 벌어졌는지 그려낸다. 자연과 사람 사이 애처러운 영혼의 교감을 들려준다. 게다가 꽃이 어찌하기에 '참 아름답구나' 하고 아내가 한마디 남기고 떠났는지 그 까닭도 들려준다. 이어서 하늘나라에서 펼쳐지는 아내와 절대자 사이 무슨 뜻깊은 영혼의 대화가 오고 갔는지도 넌지시 알려준다. 바람만 불어도 쏟아질 것만 같은 그렁그렁한 눈물을 머금고 홀로 두멧길을 걷다가 아픔에 슬픔을 달인 빛깔같이 신비로운 청잣빛 꽃 한 송이를 발견하고 마치 자신을 기다리고 있었던 것 같은 아내를 떠올리는 시다. 세상을 떠난 아내에 대한 시인의 애절한 비통함과 여전히 지속되는 '더할 나위 없는 사랑'은 또 다른 절창으로 다가오는 시 「망부석」에도 잘 담겨 있다.

강물 흐름에 / 물길을 내던 / 눈물

막 잦아드는 / 강기슭에서

울새의 울음기가 / 내비치는 / 애달픈 사연.

가지 마라, 가지 마, / 싹쓸바람이 / 휩쓸어 갈라.

기어이 / 가버리더라.

저물녘 햇살이 / 손짓하거나 말거나

이제금 / 길섶 게 서 있네그려.

임 그리기 천년 / 기다림 만년.

곁이 빈 외로움에 / 애마르는 / 돌 하나.

- 「망부석」 전문

그의 삶의 통증과 슬픔의 시간에서 아내의 죽음이 차지하는 비중은 가히 절대적인 것 같다. 이국 땅에서 서로 의지하고 보듬으며 평생을 함께 해온 부부의 생전 초상이 어떠했을지가 이제 아내를 떠나보낸 뒤에 그가 부르는 슬픔의 노래를 통해 가히 짐작되고도 남음이다.

이미 사람살이의 본새를 알아버린 시인의 눈에는 세상 모든 것이 안쓰럽고(「되살린 삶」) 세월에 속아 사는 것이 슬기로운 세상살이같이(「세월」) 보이기도 한다. 젊은 시절 월남전에 참전했던 것으로 보이는 시인이 직면한 시간은 '내가 살려면 적군을 먼저 죽여야 한다'는 끔찍한 시간이었고, "세상 눈망울에 / 이제 더 / 어리지도 못하고 // 챙겨야 할 제자리 / 아쉬움마저 / 누구에겐들 / 떠올리게 할 / 결조차 없이 // 늦여름 골안개처럼 / 스러져…"(「월남전 파병용사」일부)간 동료 병사들의 죽음에 대한 시인의 슬픔과 안쓰러움은 전쟁의 시간을 현재로 소환하여 그 몰인간성을 고발한다. 한편 그 비극의 시간을 견디어 낸 시인 자신에게는 "나날이 떫디떫은 사람살이에 / 부대낀 그대 // 아기같이 잠들어 보라고"(「시달린 마음」) 스스로를 다독여보기도 한다. 눈이 밝은 자가 느낄 수밖에 없는 통증에 대하여 스스로 내리는 처방전이다.

> 사람살이 덤거칠어도 / 시혼이 시들지 않는 이
> 세상일 겉모양새 앞에서 / 보는 눈이 있어
> 그래야 마땅한 꼴을 / 새로이 그려 낸다
> 산 목숨. 예 있음. / 까닭. 쓸모. 값짐. 본바탕까지
> 꿰뚫어 볼 줄도 안다
>
> -「시인의 됨됨이」일부

시인이 자신에게 내리는 또 하나의 처방전은 시 짓기이다(「시인의 됨됨이」). 시인의 눈으로 볼 때 사람살이는 우울하고 답답하다(덤거칠다). 세상살이는 떫디떫다. 이것을 시로 짓기 위해 세상일을 마땅한 꼴로 새로이 그려내기 위해, 세상의 겉

모양새뿐 아니라 본바탕까지 꿰뚫어 볼 줄 아는 시안을 넓히기 위해 가슴앓이를 하며 날마다 시 짓기에 갖은 애를 쓴다. 마침내 동서의 고전언어와 현대 외국어들에 정통한 언어학자답게 말의 깊숙한 내면에 담긴 뜻을 다듬어 삶의 겉과 본바탕을 낱낱이 구별해 낼 줄 아는 나름의 시안을 얻는다.

그는 젊은 시절부터 시를 사랑했던 것 같다. 소위 말하는 문학청년이었는지도 모르겠다. 아름다운 명화를 모으듯이 좋은 시를 읽으며 심신을 다스렸다. 그리고 언젠가 자신의 삶 또한 한 편의 시로 남겨지는 보람을 맛보게 될 것이라고 예감한 것 같다. 어쩌면 이 "청잣빛 꽃 한 송이"일 수도 있겠다. 그는 이를 위해 자신을 끊임없이 "비우고 비우다 뼛속까지 비워"내었지만 "아슬아슬 / 한때에 / 영은 절대자의 손에 들려" 시와는 그지없이 멀어지게 되고 그 후 또 다시 겪게 된 슬픔과 아픔을 토로하면서 이제 이쯤에서 이 슬픔과 아픔을 거두어지게 할 수는 없느냐고 묻고 있다(「서로 같은 바탕」).

성경은 문학이 아니다. 성경이 문학이 될 수 없는 이유는 문학은 사람의 작품이고 성경은 하나님의 감동(계시, 영감)으로 기록된 것이기 때문이다. 그럼에도 우리가 문학을 멀리할 수 없는 이유는 성경의 많은 책들이 문학의 양식을 빌려 기록되었기 때문이다. 그는 이미 오랜 세월을 "신학은 어학"이라는 "대학 은사의 신조를 뼈에 새기고 히브리어, 헬라어, 라

틴어를 비롯하여 영어, 독일어, 불어 등 언어 연마에 힘써왔다. 이러한 언어들이야말로 성경 말씀의 천착에 요긴히 쓰일 연장들인데, 연장 건사하기에 게으름을 피우지 않았다"(필자 주 - 시인이 이런 연장들을 사용해 탁월한 성서학자로서 정체성을 드러내는 노작이 〈마태가 만난 예수〉라는 가장 최근의 저서다.). 그렇다면 시인은 시 쓰기에 얼마나 좋은 바탕과 연장들을 가졌는가. 이 시집에서도 시인은 언어학자요, 주로 시편에 관한 저술활동을 해온 성서학자답게 순우리말을 아름답게 구사해 내고 있다. 시「말본새」에서는 '말본새'(말하는 태도나 모양새)의 중요성을 말하며 말본새에 따라 사람의 삶과 죽음이 사뭇 다른 밑그림을 그려낼 수 있다고 말하고 시「시인의 됨됨이」에서는 '말속', 즉 말의 깊숙한 내면에 담긴 뜻 다듬기의 중요성과 수고를 언급하고 있다. 시인이 이런 속깊은 통찰을 시로 빚어내는 것을 미루어 볼 때 칠순을 훌쩍 넘긴 그의 이력과 학문적 내공을 바탕으로 이제 시편과 아가서 같은 좋은 믿음의 시들을 쓸 수도 있지 않겠는가. 통증과 슬픔으로서의 시간을 넘어 더 깊은 찬양과 신령한 노래들로 가득한 하나님의 시간 속으로 들어설 수 있지 않겠는가.

2. 단독자로 서는 시간

헛소리에 맞대꾸하던 / 헛웃음마저
낙수받잇돌에 떨어지는 / 처마홈통 빗물이 / 초침을 치고
밤 동안을 흘려보내니…그분 숨결을 따라선
소릿결이 / 내 마음 밭을 / 이르집어 놓는다
그적 말씀과 / 선득 다시 마주친다
비 잔잔히 내리는 밤은 / 말씀 앞에 선
단독자가 되기에 / 딱 십상인 때

- 「비오는 밤」 일부

　저자는 어느 모임에선가 들은 "헛소리에 맞대꾸하던 헛웃음마저" 밤비에 잦아드는 밤에 낙수받잇돌에 떨어지는 빗소리를 밤새 듣다가 한 순간 과거의 어느 시점에 들었던 말씀과 서늘하게 마주하는 경험을 하게 된다. 잔잔히 내리는 비는 세상의 잡다한 소음들을 모두 차단시키고 밤과 비가 열어놓은 적막과 고요 속에서 시인은 인간은 표현할 수 없는 자연의 소리 가운데서 들려오는 하나님의 음성을 듣게 된다. 비는 고요하게 내렸으나 그에게 들려온 하나님의 음성은 그의 마음 밭을 온통 파헤쳐놓는다. 그는 마침내 지난 날 들었던 말씀의 흐름을 따라가다 하나님 앞에 단독자로 서게 된다.

키에르케고어는 엄밀한 의미에서 자신의 삶을 살아가는 사람을 본 적이 없다고 했다. 사람들은 그저 그렇게 사는 척 할 뿐이며 자세히 들여다보면 거기에는 수백 개의 환영만이 있을 뿐이라고 했다(《불안과 확신 사이에서》, 쇠얀 키에르케고어 지음). 우리는 모두 매력적인 가면을 몇 개씩 가지고 살면서 우리가 원하는 대로 존재하거나 원치 않는 존재로 존재하면서 자신을 숨기다가 나중에는 어느 것이 자신의 얼굴(참된 자아)인지도 모르게 된다고 했다. 그래서일까. 키에르케고어는 "하나님 앞에 선 단독자의 내면에서 유래하지 않은 모든 외적 행위와 겉모습은 아무런 의미가 없다"고 했다. 시인은 마침내 '헛소리에 맞대꾸나 하던' 일상적 삶의 사건에서 벗어나서 단독자(개인)가 되어 하나님 앞에 선 것이다.

왁자지껄한 먹자골목에서 사람들의 식도락은 끝날 줄 모르고 밥상 모임은 '슬그머니 술자리로' 이어진다. 이런 진부한 결말에 당황한 그는 도대체 '어쩌자는 건지'라고 묻는다. 그리고 이러한 현상을 '집단 인격분열이 도진' 것이라 진단하며 '하루치 영혼의 양식 / 그날 그날 그윽이 / 바라고 찾는 이를 / 어찌하면 만나 볼 수 있을까'(「먹자골목」 일부)라고 한탄한다. 그러나 저자는 시 「달과 가로등」에서 이미 그 해답을 밝히고 있다. 가로등 불빛 언저리에는 신명나게 맴도는 벌레 떼가 있지만 더 밝아 그냥 높은 달에는 나방이 한 마리도 없다는 사실을 상기시키면서 지저분한 떼거리로 인해 오히려 맑디 맑음이 제대로 뜻매김을 받는다고 말한다. 어쩌면 그 모임에서 그는 도대체 어쩌자고 이러느냐고 술자리를 말리다가 맞대꾸할 가치도 없는 헛소리를 들었는지도 모른다. 그리고 돌아온 날 밤 혹은 어느 비 오는 밤에 그날 그 일을 떠올리며 빗소리를 듣다가 서늘하게 다가온 말씀과 마주친 것이다. 일상적 시간에서 벗어나 약속된 시간, 섭리의 시간 속으로 들어선 것이다.

3. 그 소릿결대로 목울대에 올리는 시간

벌판을 지나 / 사라지려는 소리 / 가슴으로 막고
말씀소리에 따라서는 / 되울림을 일으켜
생각 없는 귀청이 / 떨리게 하렵니다
회개에 회개를 / 기쁜 소식에 기쁜 소식을
샬롬에 샬롬을 / 바로 그 소릿결대로
목울대에 올리겠습니다 / 잇달아 다가오는
말씀 기운에 / 그때그때 / 사로잡힌 바
산 목숨으로 / 움직이게 하소서

-「바로 그 소릿결」전문

위의 시 「바로 그 소릿결」은 에스겔 골짜기에 가득했던 마른 뼈들과 그 뼈들을 향하여 하나님의 말씀을 대언하여 외치던 예언자 에스겔을 상기 시킨다(에스겔 37장). 시인은 이 시에서 벌판을 지나 사라지려는 소리에 위기의식을 느끼고 무너지는 성벽을 막아서는 심정으로 사라지려는 소리를 막아서면서 말씀을 대언하는 대언자로서의 역할을 충실히 해서 '생각 없는 귀청이 떨리게' 하여 소리(말씀)가 사라지지 않게 하고 싶다고 말한다. 이는 모든 예언자들의 시대적 소명이기도 하다. 이 일을 위하여 시인은 성령에 사로잡힌 바 되어 하나님의 다스림 안으로 들어가서 그 안에서 살아 움직이게 해달라고 간구한다. 이 일을 위해 시인은 시 「맨 처음 그대로」에서 초심으로 돌아설 것을 촉구한다.

날갯짓이 고되다던 펭귄 새 / 날개가 지느러미로
땅위로 다니기 마다더니 / 물개 다리도 지느러미로
탈바꿈했네…넘쳐나는 먹잇감이
그리도 부러웠더냐…하늘과 땅으로 / 맨 처음 그대로
돌아오기 본능은 / 어찌되었나

- 「맨 처음 그대로」 일부

날갯짓이 고되다고 날개를 버린 펭귄과 땅위로 다니기 싫

다고 다리를 버린 물개의 탈바꿈을 비유로 들며 제 구실을 내팽개치고 '넘쳐나는 먹잇감'을 쫓아가는 현실을 개탄하는 시다. 이 시대에 하나님의 말씀이 사라지고 하나님의 음성이 사라지고 있는 원인 중 하나를 시인은 꿰뚫어 보고 있다. 시인은 회개를 촉구하며 하늘과 땅도 맨 처음 그대로 돌아와야 한다고 말한다. 왜냐하면 회개 없이는 하늘나라를 갈 수도 없고 회개 없이는 영생도 없기 때문이다. 시인이 들은 '바로 그 소릿결'은 회개를 촉구하라는 소리이며 '맨 처음 그대로' 역시 돌아오라는 거듭되는 회개의 촉구로 볼 수 있겠다.

시인은 어느 날(순간) 하나님의 음성을 듣게 된다. 그 순간은 말씀에 따라나선 소릿결이 밀려와서 시인에게서 빛의 파장이 일어나게끔 저자의 둘레를 흔들었다. 그 소리는 "너는 세상의 빛이라"는 말씀의 소릿결(파동)이었다.

> 너는 세상의 빛이라
> 말씀에 따라선 소릿결이 / 다시금 밀려와
> 내게서 빛 파장이 일게끔 / 내 둘레를 흔드나이다
> 빨아들인 기름으로 / 제 몸을 태워 / 빛을 내는
> 등잔 심지 / 몸을 던져 흐름에 맞서고는 / 제가 먼저
> 밝게 달아오르는 / 전구 심지 필라멘트

비워야 하리 / 부서져야 하리 / 맞서야 하리

근데 / 보잘것없는 / 내 등불을 두고

너르디너른 세상 / 짙은 어둠을 / 비추는 빛이라니

빛 결대로 / 빛 번짐에

고작 / 두서너 아름 / 어둠이 내 몫 / 밝혀야 할

자리가 아닌가요?

-「밝힐 자리」전문

  시인이 들은 하나님의 음성은 "너는 세상의 빛이라"는 소리며 그 소리는 그가 말씀을 읽거나 듣다가 들은 소리다. 그 말씀에 따라선 소릿결(파동)이 밀려와서 빛 파장이 일어났을 때 그는 제 몸을 태워 어둠을 밝히고 몸을 던져 어둠에 맞서기 위해서는 먼저 자신을 부인하고 회개하는 단독자로 하나님 앞에 서야만 가능하다고 말한다. 그러나 너르디너른 세상의 깊은 어둠에 견주어보면 자신의 등불은 너무 초라하고 보잘것 없다는 것을 알게 된다. 그러나 자신에게로 밀려온 말씀의 소릿결 빛 결대로 성령의 인도하심을 따라 빛을 발하는 것이 자신의 몫이라고 말한다. 그것이 비록 고작 두서너 아름의 어둠 밖에 물리칠 수 없다고 할지라도 그것을 감당해 내는 것이 자신이 밝혀야 할 자리가 아니겠느냐고 스스로에게 묻는다.

시 「새와 사람」에서는 '조롱 안에 잡혀 있는 새가/틀에 갇힌 사람들에게 / 우짖는다' 새소리의 핵심은 너희는 지금 절대자의 큰 뜻을 거스르며 살고 있다는 것이다. 더 큰 문제는 그 구체적인 거역의 내용을 사람들이 들을 수 있고 볼 수 있도록 참새가 외식(겉꾸밈)을 까밝히고 제비가 회칠한 무덤 같은 속에 가득찬 탐욕을 까밝히고 비둘기가 사람 속에 가득한 가증하고 음란한 것들(시커먼 속)을 그대로 다 들추어낸다면 과연 이 땅에 새가 몇 마리나 살아남을 수 있겠느냐고 염려한다. 언제부턴가 이 땅에서 참된 선지자를 찾아보기 어렵다는 말을 자주 듣게 된다. 정말 그런 선지자가 많이 있어서 참새나 제비, 비둘기처럼 사람들의 외식과 탐욕을 질타하고 가증스럽고 음란한 것들을 드러내며 회개할 것을 촉구한다면 이 시대에 그의 목회는 성공할 수 있을까. 아니면 쫓겨나고 말까. 그는 지금 한낱 미물에 불과하지만 사람보다 멀리 보고 제 앉을 자리도 아는 새의 눈에 '그 소릿결대로 목울대에 올리'는 삶을 잃어버린 사람은 어떻게 보일까를 염려하며 비록 보잘 것 없는 빛이지만 자신부터 먼저 바로 그 소릿결대로 목울대에 올리는 삶을 살겠다고 선언하고 있다. 자신의 소명에 응답하는 시간이다.

4. 하늘나라에 대한 소망을 품고 사는 시간

시인은 시(「떠오름」)에서 쪽빛 하늘을 보다가 옛날 일을 회상한다. 그 일은 눈물을 머금지 않고서는 바라볼 수 없는 슬픈 일이며 아픈 기억이다. 그러나 시인은 여기서 땅의 슬픔을 넘어 하늘나라를 소망하는 모습을 보여주고 있다. '내가 가야할 저 세상 하늘나라에'는 '눈물도 아픔도 없다 하니' 그곳에 가면 세상에서의 이런저런 힘겨웠던 일들 '사람살이가 남긴 피멍울'은 떠오르지도 않을 것이라고 말한다.

세상에서의 사람살이란 '동녘에도 서녘에도 / 마음 붙일 데 없다니 / 어디라 없이 / 마찬가지라'(「발붙일 곳」)며 길이길이 발붙이고 살 터는 하늘나라라고 고백하고 있다. 시 「동그라미」에서는 '삶이 남기는 자취는 / 크고 작은 동그라미' 들인데 동그라미에 구심점이 없어 굽은 동그라미가 그려진다는 것을 지적하며 어찌하면 제대로 된 삶 '바로잡힌 동그라미'로 남을 수 있는지를 묻고 '컴퍼스 바늘 다릴랑 / 밑바탕에 / 붙박아 놓아야 하리라'고 답한다. 중심에 예수 그리스도를 주님으로 모시고 살아야 제대로 된 삶을 살 수 있다는 고백이다. 그리하여 사나 죽으나 '비길 데 없는 힘으로 / 다스리는 분'의 지배와 통치 안에서의 삶을 열망하며 깨어있는 시간 속으로 들어가야 한다고 말한다.

꽃은 시들고 / 풀은 마르나

내 사랑 / 당신께 / 내내

시들해지지도 / 메말라지지도

않을 것이야

햇빛과 빗물로 / 있다가 마는 / 땅의 것이 아니라

내 본디 바탕은

당신 말씀이 / 줄곧 빚어내는 / 산목숨이니

- 「더할 나위 없는 사랑」 전문

모든 육체는 풀이요, 그의 모든 아름다움은 들의 꽃과 같을 뿐이다. 주님께서 그 위에 입김을 부시면, 풀은 마르고 꽃은 시든다(이사야 60:6-7).

이것이 우리의 삶이다. 그러나 시인은 땅의 꽃은 시들고 풀은 마르지만 내 사랑은 땅의 것이 아니라고 고백한다. 그런 까닭으로 내 사랑은 '시들해지지도 메말라지지도' 않을 것이라고 말한다. 겉사람은 일상적인 시간 속에서 낡아지지만 속사람은 당신의 말씀으로 날로날로 새로워지는 산목숨이라고 고백한다. 그리하여 "공중의 새를 보아라. 씨를 뿌리지도 않고, 거두지도 않고, 곳간에 모아들이지도 않으나, 너희의 하늘 아버지께서 그것들을 먹이신다. 너희는 새보다 귀

하지 아니하냐(마 6:26). 들의 백합화가 어떻게 자라는가 살펴보아라. 수고도 하지 않고, 길쌈도 하지 않는다. 그러나 내가 너희에게 말한다. 온갖 영화로 차려 입은 솔로몬도 이 꽃 하나와 같이 잘 입지는 못하였다".(마 6:28-29)는 말씀처럼 저자는 오뉴월 가뭄에 피고 지는 채송화를 바라보면서 참으로 '한해살이 목숨'도 하늘이 가꾼다는 것을 안다(「채송화」). 하늘에 소망을 품고 살아갈 수 있는 이유 중 하나다.

그런데 시 「나무의 마지막 날」에서 나무는 봄날인데도 연두빛 이파리를 내지 못하고 있다. 사람들은 그 나무가 죽었다고 수군대지만 시인은 죽었다고 말하지 말라고 한다. 설사 '잎눈이 여느 해처럼 트지 못할지언정 나무는 제 자리를 지키며 게 그렇게 서 있지 않은가?' 라고 반문한다. 그렇다. 나무는 이미 존재 그 자체만으로도 의미와 가치를 획득하고 있다. 저자는 마치 무인 등대처럼 쓰러지는 순간까지 자신의 자리를 묵묵히 지키며 하늘을 바라보고 있는 사람들에게만 깃들 수 있는 고상한 풍모 같은 것을 죽은 듯이 보이는 나무에게서 보았는지도 모른다. 그래서 이제 네 인생은 끝났다고 함부로 말해서는 안되는 것이다. 나무의 진액이 다하여 마르고 몸이 굳었다 해도 마지막 때가 왔을 때 한 번은 큰 소리를 지르며 본때 있게 쓰러질 것이기 때문이다. 이 나무도 한 때는 그늘과 쉼터가 되어주던 시절이 있었다. 이제 떠날 때가 오면 때가 왔음을 알고 먼 길을 나서 '끝 간 데 없는 / 우주 시간조차 뛰어넘어 / 하늘나라에 들어선다". 그러니 봄날인데도 연두빛 이파리를 내지 못한다고, 죽었다고 함부로 말하지 말라고 일러준다.

바라기는 시인 역시 삶의 통증과 슬픔의 시간을 지나 단독자로 서는 시간, 그 소릿결대로 목울대에 올리는 시간, 하늘나라에 대한 소망을 품고 사는 시간 속에서 그늘과 쉼터가 되어주는 한 그루 나무로 서 있다가 '다 이루었다' 외치시던 주님처럼 큰 소리 한 번 지르고 본 때 있게 쓰러지기를, 그리하여 일상적인 시간을 뛰어넘어 영원한 하나님의 시간, 시간 밖의 시간 속으로 들어서기를, 그 아름다운 여정이 끝나는 날 그 나라에서 하나님과 함께 '길이길이' 누리는 삶이 펼쳐지기를.   - 끝 -

이병용

시인은 경기고등학교, 서울대학교 문리과대학, 사우스웨스턴침례신학대학원, 베일러대학교 신학부를 거쳐 골든게이트침례신학대학원(현 게이트웨이침례신학대학원)에서 성서신학(구약학) 전공으로 박사학위(Ph. D)를 받았다.

그 후 오로지 저술에 뜻을 두고 간결하고 명징한 문체로 주로 여러 권의 시편 연구서를 세상에 선보여 큰 주목과 호평을 받았다. 최근작으로는 15년 여의 시간을 갈아넣어 완성한 〈마태가 만난 예수〉가 있다. 수사비평 방법론으로 빚어낸 이 책은 전작들과 더불어 순우리말과 저자 특유의 시적 문장들이 어우러져 그의 문학적 역량을 돋을 새김처럼 드러내는 독보적인 대작이라 할 만한 저서다.

이 시집 〈청잣빛 꽃 한 송이〉는 그의 처녀 시집이지만 이러한 시인의 오랜 연마가 시 한 편 한 편에 고수의 칼끝처럼 때론 예리하게, 때론 정갈하게 스며있는 시인의 문제적 인생시편들의 총화이다.

캐리커쳐 _ 최경락 화백(국전 초대작가)